Duilio Chiarle

MERITOKRAZIA

MERITO*K* RAZIA

LA MERITOCRAZIA

Il dizionario Sabatini – Coletti (1969) alla voce "meritocrazia" testualmente recita: *"Concezione per cui debbono essere conferiti riconoscimenti di ordine morale o materiale (successo negli studi, responsabilità direttive, cariche pubbliche ecc.) soltanto in rapporto ai meriti individuali"*.

Che splendida definizione! Alzi la mano chi può testimoniare che nel nostro povero (sic!) Paese il principio sia stato abitualmente applicato… Lo sapevo: o alzano la mano tutti, per nascondere la polvere sotto il tappetino di casa, oppure tutti si alzano a gridare insulti…

Capita, alle volte, che qualcuno vada a finire al posto giusto, ma sovente ciò è dovuto al caso.

Oggi, 2012, tempi di crisi, il tema è così sentito che il "premier" di turno tuona "Ci vuole meritocrazia!".

Ma cosa cavolo è 'sta meritocrazia? Chi l'ha teorizzata? Chi l'ha applicata?

Facciamo due passi indietro…

Platone, nella sua opera "La repubblica", riporta le teorie di Socrate su come dovrebbe essere il governo della cosa pubblica: la persona giusta al posto giusto, indipendentemente dalle sue origini e dalla sua ricchezza; insomma il figlio imbecille di un potente politico non dovrebbe fare a sua volta il politico, mentre un figlio di agricoltori ma meritevole e dotato dovrebbe amministrare lo Stato e con una efficace differenziazione tra i termini di "Repubblica" e "Democrazia". Come abbiamo visto nel 2012, ai nostri tempi si applica esattamente il rovescio. D'altra parte lo stesso Platone si rendeva conto del fatto che nel giro di due generazioni anche la sua repubblica ideale si sarebbe potuta trasformare in oligarchia ereditaria.

Quello di Platone è il primo trattato della storia a parlare di "merito". Quanto a "meritocrazia", sembra invece che il termine sia stato usato per la prima volta dallo scrittore Michael Young nel 1959, nel libro "L'alba della meritocrazia". In questo libro a tema fantapolitico, gli individui andavano a ricoprire i posti di responsabilità in base al quoziente intellettivo. Ciò provocava (nel libro) un tale malcontento da causare un ribaltamento violento della società, dato che l'élite intelligente causava il generarsi di una classe di servi senza speranza che alla fine, come dice Plinio, si contano e scoprono di essere la maggioranza.

Chi sostiene la meritocrazia, afferma di volere una società in cui i criteri per scegliere la persona da mettere in un certo posto, prescindono dal sesso, dalla razza, dalla religione, dalle relazioni sociali e dalle opinioni politiche. Ma noi sappiamo che anche quando ciò è stato fatto, è durato ben poco. Carlo Magno, appena fondato il Sacro Romano Impero, mise subito le persone giuste al posto giusto e fece una cosa rivoluzionaria per i suoi tempi: suddivise il territorio in tante zone ed a ciascuna mise a capo una persona di cui si fidava ciecamente. Ma la sua meritocrazia non gli sopravvisse di molto ed i suoi discendenti ebbero a lottare con i feudatari riottosi in rivolta perenne.

D'altro canto, già le fragili democrazie greche avevano dovuto fare i conti con questa realtà: il demagogo di turno tuonava dalle tribune che avrebbe fatto piazza pulita degli incapaci e messo al loro posto persone meritevoli; il risultato era l'ostracismo, una sorta di votazione con la quale si bandiva dal Paese il rivale politico. L'antica Roma fece più volte questa esperienza: l'arcaica e amatissima monarchia di Romolo e Numa Pompilio divenne nel giro di qualche generazione un sistema oppressivo che culminò nella follia di Tarquinio il superbo, il quale fu detronizzato da una rivolta popolare che cacciò per sempre i monarchi da Roma e insediò al loro posto un parlamento con regole rigidissime. Tuttavia anche questo, nel giro di qualche generazione divenne aristocratico ed i nuovi arrivati finivano per non avere molti diritti e dunque nessuna speranza o quasi di accedere alle cariche pubbliche: i senatori avevano reso ereditaria la propria carica. I Gracchi tentarono inutilmente di sovvertire questa situazione. Tutto ciò a cui potevano accedere i plebei era la carica di Tribuno, tuttavia proprio a quest'epoca risale il sistema politico che abbiamo di fronte a noi oggi, con i suoi pregi e difetti ed il

"Manualetto di campagna elettorale" scritto da Cicerone per il fratello ci fa capire che in duemila anni non è cambiato poi molto. Quindi, dopo varie guerre civili, Giulio Cesare, un aristocratico populista, fa piazza pulita e decide di mettere gli uomini giusti al posto giusto: ma erano gli uomini che piacevano a lui e così, quando il Senato aristocratico riuscì ad eliminare il tiranno con la scusa che aspirava alla monarchia, arrivò suo nipote Augusto che mise gli uomini giusti al posto giusto, sminuì l'importanza del Senato e fece semplicemente sparire i suoi avversari politici nel modo più rapido. Tutta la storia dell'impero non è altro che il replicarsi dello stesso schema sino alla sbrigativa sparizione dell'ultimo imperatore Romolo.

Dopo Carlo Magno, tutto torna nell'ordine delle cose, con tre ceti "oratores" (preti), "bellatores" (guerrieri) e "laboratores" (contadini), classi quasi impermeabili una all'altra e solamente quella degli "oratores" era accessibile con maggiore facilità da qualche meritevole figlio della classe (inferiore) dei "laboratores". Soltanto con le compagnie di ventura si torna ad avere una sorta di "meritocrazia" ma è una meritocrazia intrisa di sangue, il trionfo del più forte e del più furbo in battaglia.

Il filosofo inglese John Locke (1632-1704), considerato il progenitore del liberalismo ed anticipatore dell'illuminismo, affermò che la società è necessariamente stratificata, ma deve esserlo per il merito, non per la nascita. Questo concetto ispirò Thomas Jefferson un secolo più tardi nello stilare la dichiarazione di indipendenza degli Stati Uniti d'America.

La rivoluzione francese fece un gran cianciare del merito. Tuttavia il merito venne spesso disatteso in quanto bastava essere del partito sbagliato ed il merito svaniva insieme alla testa del suo proprietario. Napoleone Bonaparte era noto per la frase "Nello zaino dei miei soldati c'è un bastone da Maresciallo", ovvero "Chi lo merita ascende ai gradi più alti". Niente più accademia militare, che pure Napoleone aveva frequentato nel vecchio regime. Tuttavia ciò è vero sino ad un certo punto, infatti l'Imperatore preferiva un generale fortunato ad uno bravo. In ogni caso più di un soldato di Napoleone divenne re, ad esempio Gioacchino Murat e Bernadotte (quest'ultimo fu l'iniziatore della dinastia che regna ancora oggi in Svezia). Napoleone cercava la persona giusta per l'incarico giusto, utilizzando al meglio ex rivoluzionari e qualche aristocratico del vecchio regime come il Principe Talleyrand, o addirittura affidando delicati incarichi di polizia a qualche galeotto come l'incredibile François Vidoq, che diventò uno dei più abili poliziotti di tutti i tempi. E fu proprio Bonaparte ad istituire la "Legion d'onore", il primo ordine al merito (una decorazione, l'equivalente del nostro ordine al merito), un cavalierato innovativo nella sua concezione che tuttavia con i suoi successori divenne un quasi monopolio del ceto abbiente e della nobiltà di sangue. Napoleone amava ripetere la frase "*La carrière ouverte aux talents*", ovvero la carriera aperta ai talenti.

Il fascismo tentò di far proprio il principio meritocratico con la teoria denominata "dell'uomo nuovo", senza tuttavia applicarlo nella maggior parte dei campi. E' celebre il discorso di Mussolini che accusava "le potenze demoplutocratriche". Il fascismo affermava di volere un sistema fiscale che puntava a colpire l'edonismo consumista, l'economia sommersa ed illecita e la "fiscalità monetaria". Parole che sembra oggi di sentire nuovamente.

Tuttavia anche il marxismo predicava il predominio del merito, indipendentemente dalle proprie origini, e ciò è particolarmente evidente nella parabola dello "stakanovismo".

Ma non è un'idea originale: troviamo questi principi sia nella Bibbia che negli scritti di Confucio. Sui Vangeli (cosa fondamentale nel cristianesimo ma "dimenticata" per secoli dai ceti dominanti) è già riportata la "Parabola dei Talenti": un giorno Dio ci chiederà conto di come abbiamo fatto fruttare la dote di cui ci ha fornito alla nostra nascita...

Ve lo dico subito: io non credo nella meritocrazia, non è applicabile. Su che base, si può stabilire il merito di qualcuno? Dalla carriera lavorativa? Potrebbe essere un raccomandato di ferro. Dalla carriera scolastica? Perché no, tuttavia Indro Montanelli era solito ripetere che *"la laurea dimostra solo che l'hai presa"* e voleva vedere all'opera il candidato per sapere se aveva "la stoffa" e Leonardo Sciascia (uno dei più grandi scrittori italiani del XX secolo) a chi si vantava della laurea diceva *"Faccia lei che ha studiato"*: lui era un semplice maestro elementare. L'intelligenza? Il quoziente di intelligenza (Q.I.) è una misurazione interessante ma aleatoria, infatti un uomo intelligente ma appartenente a un ceto popolare con poca istruzione non sempre risolve i quiz. Il problema della meritocrazia è COME stabilire il merito e ciò dipende sempre da una commissione giudicatrice (l'uomo è imperfetto e può commettere errori, può avere antipatie) o da un individuo (una tentazione può cambiare le carte in tavola). Nessun sistema è perfetto, soprattutto i sistemi che credono di essere perfetti. E a volte la posizione di potere di colui che è chiamato a decidere devia dalla retta via e va a pescare il candidato sbagliato.

Svisceremo molti pro e contro, anche se io personalmente sono uno scettico.

I GRANDI INVENTORI
E GLI SCIENZIATI

Il merito, veder riconosciuto il proprio merito. Tutti ambiamo a questo traguardo, non sempre lo raggiungiamo. E comunque vi sono modi diversi di raggiungere il traguardo. Ad esempio, un pool di scienziati argentini, anni or sono scoprì che trasmettendo ad un paziente malato di cancro i linfociti "T" di un paziente guarito dal cancro, anche quest'ultimo guariva dalla malattia. Gli scienziati ricevettero una alta decorazione del governo argentino, ma internazionalmente che fine hanno fatto? E la loro scoperta? Un merito riconosciuto a metà.

Naturalmente, esistono riconoscimenti al merito nazionali, ogni Paese (come sappiamo) ha il suo: la Francia la "Legion d'onore", l'Italia "L'ordine al merito", il Regno Unito il titolo di "Baronetto", e via premiando. Vi sono anche titoli accademici (la "laurea ad honorem", per esempio). E' già qualcosa che il merito venga riconosciuto così, però non è che un segno "esteriore" di merito. Tuttavia non è di questo che stiamo parlando, non è una medaglia o un titolo a fare la differenza. Vediamo i dettagli.

Chi non conosce la storia di Meucci? Il fiorentino Antonio Santi Giuseppe Meucci era un inventore di grande talento. Nel 1854 inventò il "telettrofono", ovvero il primo prototipo di telefono, ma per via di una serie di concomitanze potè usufruire di un brevetto a metà (un brevetto temporaneo) che lo portò a perdere la causa contro Bell con la concausa del pregiudizio nei confronti degli italiani. Il Congresso U.S.A. riconobbe l'errore il giorno 11 giugno 2002, con la risoluzione 269: solo 113 anni dopo la sua morte. Tuttavia Meucci ha inventato anche altre cose di cui tutti si dimenticano di dargli merito: un nuovo metodo di fabbricazione delle candele usato ancora oggi, il metodo per condire pasta e cibi che fu rilevato dalla STAR e che oggi tutti usiamo, e una bevanda frizzante alla frutta contenente vitamine… Chi non la conosce?

Passando oltre, ecco che un grande scienziato italiano ottiene il premio Nobel per aver inventato "la radio", Guglielmo

Marconi. Tuttavia ricordando Marconi ci dimentichiamo di Nikola Tesla. Tesla fece ricorso contro il Nobel di Marconi per due ragioni: Marconi per la sua "invenzione" utilizzò ben 14 brevetti di Tesla ed inoltre Tesla aveva già sperimentato la trasmissione "via etere" decenni prima (nel 1893). Soltanto pochi mesi dopo la sua morte (1943) la Corte Suprema degli USA riconobbe a Tesla che era il vero inventore della radio. Ma il Nobel restò attribuito a Marconi.

La storia di Tesla e di Meucci ci dice che la giustizia è lenta, che il tempo è galantuomo e che l'uomo è sovente in malafede ed egoista.

Ignác Fülöp Semmelweis era un medico ungherese, assistente nella Clinica ostetrica all'Allgemeines Krankenhaus di Vienna. Nel 1847, appena tre anni dopo la laurea, si rese conto che la mortalità delle puerpere si abbassava moltissimo se medici e personale si pulivano le unghie con uno spazzolino, si disinfettavano le mani con cloruro di calce e se le lenzuola dei pazienti venivano cambiate e lavate spesso. Oggi sembra un'ovvietà, ma non era così nella prima metà del XIX secolo. Il reparto di Semmelweis divenne un modello di pulizia e la mortalità divenne bassissima così che tutte le partorienti volevano essere poste sotto le sue cure. Ma i luminari del tempo non gli riconobbero il merito, anzi si sentirono offesi nella loro professionalità e lo fecero licenziare. Il risultato fu che la mortalità tornò ad aumentare. Qualche anno più tardi, a causa della sua mania per la pulizia, Semmelweis fu internato in una clinica psichiatrica. Oggi a Budapest vi è un suo monumento, tuttavia come ringraziamento per aver salvato tante vite fu lasciato marcire tutta la vita in manicomio. Che morale ricaviamo dalla vicenda? Che il "merito", sovente viene riconosciuto postumo, in quanto i contemporanei non sono in grado di giudicare una scienza che non riescono a comprendere. Non a caso sui Vangeli viene chiesto espressamente di "non giudicare", levando la trave dal proprio occhio prima che la pagliuzza dall'occhio del vicino.

Walter Hunt inventò nel 1833 il primo modello funzionante di macchina da cucire, ma non la brevettò poichè si era convinto che avrebbe ridotto in povertà un considerevole numero di ragazze orfane, a quel tempo tradizionalmente "utilizzate" come cucitrici, specialmente camiciaie. Quando l'industria compì notevoli progressi, pensò di brevettarla (1846), ma fu battuto sul tempo da Elias Howe il quale non si era posto lo stesso scrupolo. All'età di vent'anni, Hunt aveva già inventato la macchina per filare il lino ma aveva dovuto cedere il brevetto per pochi soldi; quindi aveva inventato la nave rompighiaccio (ma a quel tempo a nessuno interessava una nave per navigare ai poli) e le candele di paraffina. Infine brevettò nel 1849 la spilla da balia, da cui ricavò la somma di 400 dollari. In vita come in morte, non fu mai riabilitato con un plauso, nemmeno per aver rifiutato di arricchirsi pensando al futuro delle ragazze orfane. Era un uomo fuori del suo tempo e per certi versi lo sarebbe ancora oggi.

Fu più fortunato il medico polacco Albert Bruce Sabin (poi naturalizzato USA) che ha scoperto il vaccino contro la terribile poliomielite, una malattia che paralizzava o uccideva un numero enorme di persone nel mondo. Pensate, Sabin testò il vaccino su sé stesso. Funzionava. Ma la commissione che doveva scegliere la cura, preferì gli studi di un altro ricercatore: Salk. Il vaccino di Salk riusciva a prevenire molte complicazioni, ma non era in grado di prevenire la proliferazione: quello di Sabin veniva inserito in una zolletta di zucchero e fatto ingerire ai bambini e non necessitava di richiami. Regalò la sua invenzione al mondo purchè fosse messa in commercio in fretta: brevettarla significava molti bambini paralizzati. Il mondo scientifico non gli credette ed in qualche caso lo sbeffeggiò. Ma quando Sabin regalò il suo vaccino e molti Paesi poveri del mondo poterono permettersi di utilizzare la cura, l'opinione pubblica si rese finalmente conto della sua potenzialità. Era il vaccino giusto. Sabin non si arricchì ed è grazie a lui se tanti bambini sono cresciuti sani: non brevettò mai la sua scoperta, rinunciando allo sfruttamento commerciale e ne impedì così lo sfruttamento da parte delle industrie farmaceutiche, in modo che il suo prezzo contenuto ne garantisse una più vasta ed efficace diffusione. Sabin si dovette addirittura giustificare per questa scelta. Ecco le sue parole: *«Tanti insistevano perchè brevettassi il vaccino, ma non ho voluto. È il mio regalo a tutti i bambini del mondo».* Era un grand'uomo, Sabin, e non gli saremo mai abbastanza riconoscenti. Ricevette 40 lauree honoris causa da Università di tutto il mondo ed il Presidente Ronald Regan corresse appena in tempo l'errore dei suoi predecessori consegnandogli il 12 maggio 1986 la "Presidential Medal of Freedom", una altissima decorazione. Ma ovviamente, l'essersi inimicato le case farmaceutiche gli costò il Nobel: non fu mai nemmeno candidato.

Nel 2003 fece scalpore la rivolta dello scienziato Raymond Damadian, inventore dell'apparecchio per la risonanza magnetica, contro il premio Nobel. Infatti non gli fu attribuito il premio Nobel per la medicina che fu invece attribuito a Paul Lauterbur e Peter Mansfield per le loro scoperte sulla risonanza magnetica. Il ricercatore non fece attendere la sua reazione ed acquistò due intere pagine una sul New York Times ed una sul quotidiano svedese Dagens Nyheter per invitare gli accademici del Karolinska Institutet di Stoccolma a riparare il torto. Ecco cosa disse Damadian: *«I due vincitori hanno riconosciuto che la loro scoperta dipendeva dal mio lavoro. Questo torto vergognoso va riparato».* Ma la giuria del Nobel non ammette mai di essersi sbagliata.

Lo stesso accadde anche ad altri, alcuni li abbiamo già visti. Rosalind Franklin nel 1953 scoprì la doppia elica del DNA riuscendo anche a fotografarlo, foto che permisero a James Watson e Francis Crick di studiarne la struttura: Watson e Crick, insieme a Maurice Wilkins ricevettero il Nobel nel 1962 e neppure ringraziarono la Franklin che nel frattempo era morta di cancro a 38 anni, provocato dai raggi X con i quali fotografava il DNA: nessuno si degnò di onorarne la memoria nel corso della cerimonia.

L'italiano Vittorio Ersparmer fu più volte proposto e mai selezionato: in fondo aveva semplicemente scoperto (nel 1938) uno dei più importanti neurotrasmettitori cerebrali, la serotonina, che isolò dalla pelle delle rane. La serotonina controlla alcune importanti funzioni del cervello, come l' umore, la fame, il dolore, la termoregolazione. Robetta, insomma.

Nel 1986 Rita Levi Montalcini e lo statunitense Stanley Cohen ricevettero meritatamente il Nobel per le scoperte sul fattore di crescita nervoso (Ngf). La Montalcini, negli anni Quaranta, aveva lavorato nel laboratorio di Viktor Hamburger a St.Louis, firmando con lui alcuni lavori. Hamburger non venne incluso fra i premiati e solo quando morì (a 101 anni, nel 2001) l'Encyclopaedia Britannica ne riconobbe l'importanza del ruolo. Colpa sua, doveva sforzarsi di arrivare a 102 anni.

Selmar Waksman ed Albert Schatz pubblicarono un lavoro sulla streptomicina, ma nel 1952 il Nobel andò soltanto a Waksman; arrabbiatissimo per l'insulto, Schatz pretese con grande energia i diritti sui brevetti ma la comunità scientifica lo isolò completamente, obbligandolo ad emigrare in sudamerica.

Dmitrij Mendeleev mise ordine tra gli elementi chimici applicando una legge periodica che teneva conto del peso atomico e dell' affinità esistente tra i vari elementi. Morì nel 1907, sei anni dopo la nascita del premio svedese e a nulla erano valsi i suggerimenti del mondo scientifico per riconoscergli un merito indiscusso. Tutti gli scienziati usano oggi la sua tabella, premiati inclusi.

Chien-Shiung Wu nata a Shanghai e poi naturalizzata USA, decifrò il comportamento della materia stabilendo che destra e sinistra nel micromondo non sono la stessa cosa e che anzi c'è preferenza per la sinistra nel comportamento delle particelle fondamentali. Wu lavorò al progetto Manhattan per la bomba atomica e poi insegnò fisica alla Columbia University. Fu onorata dal mondo accademico e battezzata "Madame Wu". Fu la prima donna ad essere eletta presidente dell'American Physical Society, affossando una consolidata tradizione maschilista. Ma non ricevette mai il Nobel. Tra i Nobel mancati c'è anche il fisico italiano Bruno Rossi emigrato negli USA nel 1938 per sfuggire alle leggi razziali. Rivelò lo stranissimo cielo dei raggi cosmici diventando un'autorità internazionale in materia. Dato che non fu mai nemmeno in lizza per il premio, fisici e astronomi americani riconobbero il suo valore creando appositamente un premio molto prestigioso che porta il suo nome e dedicandogli addirittura un satellite. Il Nobel fu poi attribuito al suo allievo Riccardo Giacconi, ma Rossi era già morto da tempo.

I MERITI MILITARI

Avete mai sentito parlare di Aulo Postumio Tuberto? E' improbabile. Potrete trovare il suo nome nell'opera "Storia di Roma" di Tito Livio. I Romani avevano sviluppato un singolare equilibrio di poteri, avevano in allergia la monarchia e non volevano il rischio di ritrovarsela tra i piedi. Quindi avevano costruito una "diarchia" elettiva, con due consoli. Nei momenti difficili, il Senato di Roma nominava un "Dittatore" i cui poteri duravano sei mesi. Si ricorreva a questo artificio per concentrare tutte le risorse della città nello sforzo bellico, senza problemi politici. Nella guerra contro Equi e Volsci, Roma si trovò a mal partito e decise così di nominare Dittatore Aulo Postumio Tuberto. Questi raccolta la legione, andò in battaglia e come era costume, anche suo figlio si trovava con lui. I due eserciti si affrontarono sul monte Algido, nel 431 a.C. Ma il figlio, decisamente più ferrato in materia militare del padre, si accorse che se avesse eseguito gli ordini del genitore l'esercito romano sarebbe stato sconfitto. Decise perciò di disobbedire agli ordini e vinse la battaglia in modo decisivo. Tuttavia, quando i soldati festeggiavano la vittoria il padre lo fece arrestare perché *aveva disobbedito agli ordini*. Aulo Postumio Tuberto, Dittatore e condottiero, rappresentava tutti i poteri di Roma e non c'era appello al suo giudizio. Affermò davanti ai soldati costernati che come padre ne era orgoglioso, ma come generale lo condannava a morte per aver trasgredito gli ordini. Non ci fu verso di fargli cambiare idea, anche se sarebbe stato sufficiente l'esilio. Un uomo di grande elasticità mentale, una sorta di Cadorna dell'antica Roma, insomma. Achille Campanile ricavò dalla vicenda un racconto esilarante che vi consiglio caldamente di leggere ("Vite degli uomini illustri"). Forse il Dittatore temeva che il figlio gli avrebbe fatto ombra, o forse temeva che in esilio avrebbe comandato l'esercito dei Volsci, in fondo era già accaduto in passato.

Marco Furio Camillo era un abile condottiero della Roma repubblicana. Durante la guerra contro gli Etruschi di Veio fu nominato Dittatore e conquistò la città. Sconfisse poi i Falisci. Troppe vittorie, troppa invidia. Appena terminato il periodo prescritto, Camillo fu accusato di aver trattenuto per sé una parte eccessiva di bottino e fu espropriato dei beni e condannato all'esilio. Ma quando Camillo si trovava in esilio, giunsero i Galli senoni di Brenno che sul fiume Allia travolsero la legione romana al primo assalto e presero la città; soltanto il Campidoglio restò inespugnato. Brenno, anziché darsi ad un saccheggio inutile, impose alla città un riscatto in oro. Mentre i Romani facevano la fila di fronte ai vincitori per consegnare il loro oro, Camillo rientrò in città e gettò una spada sulla bilancia gridando *"Non con l'oro si riscatta la Patria, ma col ferro!"*, così almeno ci tramanda Tito Livio. Nonostante l'ingiustizia subita, Camillo tornò a salvare la sua città.

Un altro personaggio di simile calibro era Lucio Quinzio Cincinnato. La famiglia di Cincinnato fu vittima di un complotto politico; un processo intentato dalla parte politica avversa, con la testimonianza del Tribuno Marco Volscio Fittore. Il figlio di Lucio Quinzio, Cesone, fu accusato ingiustamente di omicidio. Cesone dovette fuggire in Etruria e Lucio Quinzio dovette vendere tutto per pagare la cauzione all'erario. La famiglia Cincinnato si trovò quindi a coltivare un podere di soli quattro iugeri fuori Roma, oltre il Tevere, i *Prata Quinctia*, perché erano le sole inalienabili terre di famiglia rimaste. Ma durante la guerra contro gli Equi e i Sabini, i due Consoli erano rimasti isolati e fuori città: Cincinnato, che già in gioventù aveva rivestito con successo la Dittatura, fu nominato ancora Dittatore. La tradizione dice che fu informato mentre lavorava nei campi. Sconfisse i nemici e lasciò l'intero bottino ai soldati. Poi ritornò ai suoi campi.

Facciamo ora un salto in tema letterario; Dan Mannix ha scritto un piccolo capolavoro: *"Sam Damon: la lunga guerra"*; il romanzo tratteggia la vita di un uomo che partendo da un modesto incarico in un albergo della provincia americana, diviene generale, il tutto guadagnato sul campo. E' una storia che parte dalla prima guerra mondiale, con l'arruolamento del giovanissimo Sam e la relativa lunga carriera da soldato semplice a generale per i meriti di guerra: diviene sottufficiale, poi promosso ufficiale sul campo, quindi generale nonostante la sua carriera sia ostacolata dal non aver frequentato l'accademia a West Point. Il romanzo è un inno alla meritocrazia e al sogno americano, anche se con un finale amaro. E' soltanto un romanzo, ma nella realtà a volte accade che qualcuno, per soli meriti, riesca ad arrivare *là dove nessuno è mai giunto prima*. Tra tutti faremo un esempio calzante: Colin Powell, che quando si trovò nello staff del Presidente Bush andò in visita in una scuola di Harlem, a New York. Disse ai ragazzi che per uscire dal ghetto è necessario lavorare duramente e che chi dice che non si può uscire, in realtà è una persona che non vuole uscirne; disse testualmente: *"Io ne sono uscito"*. Andò all'accademia militare, percorse tutti i gradi sino a diventare Generale a quattro stelle (il massimo) durante la prima guerra del Golfo. Ebbe numerose decorazioni tra le quali una "purple heart". Il primo uomo di colore ad arrivare così in alto. Ma Powell non è l'unico ad aver percorso una carriera così brillante. Abbiamo anche qualche altro esempio.

In molti ritratti che immortalano ad Appomattox il momento della resa del generale Lee al generale Grant, figura un personaggio con i gradi di tenente colonnello, un tipo dalla carnagione scura e folti baffi all'ingiù: a volte è dipinto sullo sfondo, a volte è in piedi, anche seduto ad una scrivania. Si tratta di Ely Samuel Parker, l'uomo che ha trascritto l'atto di resa. La particolarità? Parker era un nativo americano. Un "indiano" vero. Un appartenente alla tribù Seneca, nato nella riserva di Tonawanda a New York ed il suo nome originale era Hasanoanda. Quando Lee se lo trovò davanti, lo riconobbe subito, era già una specie di leggenda anche più nota di quella di Custer. Lee lo osservò per un istante in silenzio, poi gli tese la mano e disse *"Sono felice di vedere un vero americano qui con noi"*. La risposta di Parker fu *"Siamo tutti americani"*.

Ecco un pezzetto della "grande" storia. Hasanoanda (Ely) era il figlio di uno dei Seneca che avevano combattuto contro gli inglesi nella guerra d'indipendenza. Un ufficiale di nome Parker fu catturato ed adottato dalla tribù. Quando l'ufficiale partì, per facilitare le relazioni con i bianchi la famiglia che aveva accolto l'ufficiale prese il cognome Parker. Il giovane Ely andò a scuola in una missione ma ben presto la tribù fu espropriata con la violenza delle proprie terre e dovette fuggire in Canada. A dieci anni serviva in una mensa dell'esercito ed i soldati lo prendevano in giro per il modo di parlare. Ma Ely continuò a studiare in proprio e si impadronì così bene della lingua inglese sia parlata che scritta che la sua tribù, quando aveva appena 15 anni, lo inviò a Washington a rivendicare i propri diritti davanti al Congresso. Lì incontrò alcuni importanti personaggi che ne rimasero impressionati e lo presentarono al Presidente Polk, con il quale cenò alla Casa Bianca. Fu in quel momento che si convinse che il miglior modo di aiutare la sua gente fosse quello di studiare legge. Riuscì ad entrare in uno studio di avvocati e dopo soli tre anni fu giudicato idoneo all'esercizio della professione. Ma quando inoltrò domanda gli fu risposto che soltanto i cittadini bianchi avevano accesso alla professione. Così Parker si informò su quali fossero le professioni permesse agli indiani e scoprì che poteva diventare ingegnere. Perciò si iscrisse al politecnico, si laureò e divenne ingegnere civile. Era così abile che non ancora trentenne il governo americano lo incaricò di supervisionare la costruzione di dighe e palazzi di proprietà federale. Era divenuto un uomo dai modi eleganti e raffinati e possedeva una poderosa muscolatura. A Galena, nell'Illinois, incontrò un suo quasi coetaneo di nome Ulysses Simpson Grant. Così a Parker venne l'idea di reclutare uomini per la creazione di un reggimento di indiani irochesi. Ma gli fu risposto che si trattava di una guerra tra bianchi e che doveva essere combattuta soltanto da bianchi. Così Parker tornò alla riserva e scrisse a Grant spiegandogli l'accaduto. Dopo qualche tempo, gli fu consegnata una lettera in cui gli si chiedeva di recarsi presso il generale Smith a Vicksburg, per occupare un posto di ingegnere presso le divisioni di Grant. Dopo la guerra, divenne segretario personale di Grant. Ne divenne l'ombra e il custode, temendo che facesse la stessa fine di Lincoln. Nel 1866 divenne brigadiere generale ed ebbe incarichi di mediazione con le tribù indiane. Ebbe molti successi e così Grant lo nominò Commissario per gli affari indiani. Ma Parker vi trovò un ambiente estremamente ostile e corrotto. Si mise a fare pulizia e si fece moltissimi nemici. Ogni volta che sostituiva un corrotto con un onesto, la corruzione trovava altre strade. La sua lotta contro la corruzione e la disonestà durò tutta la vita. Ogni giorno ricevette accuse e denunce (ne collezionò addirittura tredici in un colpo solo), ma ne uscì sempre indenne. Gli indiani delle sei nazioni gli attribuirono la carica di Grande Sachem degli Irochesi la carica più alta che un indiano avesse mai ricoperto. Quando stava per ritirarsi in pensione, stressato dalle attività che aveva intrapreso, fu convinto da alcuni amici ad occuparsi del riassetto del Dipartimento di Polizia di New York. Tra i suoi colleghi di lavoro vi erano Theodore Roosvelt ed il figlio di Grant, Frederick. Ely Parker si ritirò soltanto nel 1893, quando rimase paralizzato. Morì due anni dopo. Parker era riuscito ad arrivare là dove nessun indiano era mai giunto prima.

Anche in Italia vi sono esempi di carriera "dal basso", per puro merito. Anno 1793. In piena rivoluzione francese, gli eserciti della repubblica invadono l'Italia. Il Regno di Sardegna, al tempo di Vittorio Amedeo III, è di gran lunga il più bellicoso tra i regni della penisola. Poichè abituato alle frequenti incursioni del malfido vicino transalpino, il piccolo regno riuscì a resistere efficacemente. Allora i repubblicani cambiarono strategia e si rivolsero alla Corsica, tenuta dal riottoso Paoli, nemico giurato della Francia da decenni e alla Sardegna, poco difesa. Il piano prevedeva l'occupazione di Ajaccio e quindi una veloce incursione sulla costa sarda, per catturare l'isola, una spedizione composta da 22 navi e un corpo di spedizione al comando del giovane e promettente tenente Bonaparte. La flotta sarda era composta da poche navi antiquate. Ma i francesi non avevano fatto i conti nè con il bellicoso carattere dei corsi e dei sardi, nè con un marinaio della marina sarda: tale Domenico Millelire, Nocchiere. I francesi non ebbero difficoltà ad occupare Ajaccio, ma si impantanarono della strenua resistenza della popolazione corsa. Poi occuparono Spargi e si diressero verso La Maddalena, dove c'erano tre cannoni e 25 soldati. Bonaparte fece piazzare un mortaio ed iniziò le operazioni. L'isola era difesa da poche centinaia di sardi, perlopiù pastori e pescatori. I francesi calarono l'ancora nella cala di "mezzoschifo".

Millelire capì che era solo questione di tempo, poichè il bombardamento avrebbe presto spazzato via le poche difese. Prese così l'iniziativa: si mise al comando di una lancia e trasportò nottetempo il più grosso dei cannoni della postazione "Balbiano" e lo mise in batteria a "punta Tegge". Millelire inizia quindi a cannoneggiare la fregata "Fauvette" con un preciso e micidiale tiro al punto che la nave deve levare l'ancora ed andare in altro luogo più sicuro. Nel frattempo i sardi abbandonano Caprera per concentrare le difese a La Maddalena. Ma Millelire concepisce un altro piano: rimette il cannone sulla lancia e lo trasporta a Palau, sulla costa sarda e da qui riprende a cannoneggiare la fregata francese che era all'ancora a Villa Marina. La flotta francese riporta gravi danni, la batteria è fuori tiro, le navi si spostano nuovamente. Ma Millelire ha ormai capito il piano francese e lo anticipa. Sposta nuovamente la batteria a Capo d'Orso e coglie i francesi in piena manovra. I colpi sono molto precisi e sottrarsi al fuoco e impossibile. I marinai della "Fauvette", pensando che il cittadino comandante sia un inetto si ammutinano e costringono la nave alla fuga. Il generale francese Colonna Cesari ordina allora la ritirata e nonostante Bonaparte fosse ad un passo dalla conquista de La Maddalena viene costretto a reimbarcarsi. Ma Millelire non è pago: si imbarca su una scialuppa cannoniera e si mette ad inseguire i francesi, colpendo ancora il convoglio in ritirata, inseguendo la flotta francese fin quasi alla Corsica. Il Nocchiere Millelire aveva sconfitto l'armata francese ed il futuro imperatore Bonaparte. I francesi dovettero inoltre lasciare la Corsica al bellicoso Paoli e l'isola fu da quel momento protetta dalla marina britannica.

Il merito, questa volta, fu riconosciuto senza mezzi termini: il 6 aprile 1793 a Millelire fu consegnata la medaglia d'oro al valor militare *"Per aver ripreso al nemico l'Isola di Santo Stefano e per la valorosa difesa dell'isola di La Maddalena contro gli attacchi della squadra navale della Repubblica francese"*. Millelire fu eroe di tante battaglie contro la Francia. Fu nominato Sottotenente di Vascello, poi Capitano delle Regie Truppe. Nel 1815 divenne Comandante Centrale del Porto e Comandante della Piazza Marina de La Maddalena. Terminò la sua carriera con il grado di Capitano di Fregata. Ricevette anche la medaglia d'Argento al Valor Militare e la Croce di Cavaliere dell'Ordine Militare di Savoia. A volte, il merito viene riconosciuto.

Il singolare destino di Pietro Micca, invece, fa pensare. Pietro Micca si accorse che i francesi erano riusciti a trovare un punto da cui infiltrarsi nei cunicoli della cittadella di Torino. Era il 1706 ed il Piemonte era come al solito invaso dai francesi. Pietro Micca e il suo compagno (erano due granatieri), sbarrarono la porta e prepararono il barilotto per far saltare tutto. Ma siccome i francesi erano ormai quasi riusciti a sfondare la porta, Pietro Micca diede fuoco alle polveri e scappò. Fu ucciso a causa dell'onda d'urto tra i cunicoli, morì poco dopo i soccorsi per le lesioni interne. Dapprima la vedova ricevette soltanto la paga del marito, com'era d'uso, ma quando il Sovrano seppe del comportamento di Pietro Micca, le fece consegnare un sacchetto di monete d'oro. Purtroppo la vedova di Pietro Micca si era nel frattempo invaghita di un disertore ed usò tutti i suoi averi per evitargli la condanna. Singolare vicenda, la vedova del più grande eroe del ducato, si invaghisce del peggior vigliacco del ducato e lo salva usando il premio del marito anzichè preoccuparsi del futuro dei propri figli. Così è la vita... Ma un giorno, nella prima metà dell'800, in pieno risorgimento qualcuno si ricordò di Pietro Micca e della vicenda del premio speso dalla vedova per il salvataggio del traditore a discapito dei figli e così, dopo approfondite ricerche, si andò a pescare l'ultimo discendente diretto dell'eroe, il quale viveva in povertà (senza figli) e con la moglie malata. Gli furono tributati grandi onori, fu nominato sergente d'onore con tanto di imponente uniforme e decorazioni, gli fu donata una spada d'oro dal Re e l'erario gli erogò una lauta pensione. Alla morte della moglie si risposò facilmente, essendo ormai benestante. Iniziò ad essere invitato ad ogni occasione pubblica e da ogni tipo di notabile e ottenne il privilegio della "precedenza", anche a corte (inaudito privilegio per l'epoca) e non c'era occasione ufficiale in cui potesse mancare l'ultimo discendente di Pietro Micca. Era diventato di moda, tra i nobili, contendersi la sua presenza. Persino alla sua morte vi furono imponenti funerali di Stato con grande partecipazione di popolo e notabili. Incredibile epilogo, credo l'unico caso nella storia, di premio consegnato ai discendenti di un eroe i cui antenati erano stati defraudati dalla vedova dell'eroe stesso. Il risorgimento italiano è ricco di strane storie.

Il premio di Pietro Micca arrivò (anche se postumo) ben due volte in due diversi secoli. Invece a volte il premio subisce voluti rallentamenti. Sandro Pertini, che fu un amatissimo Presidente della Repubblica Italiana, nel corso della prima guerra mondiale era mitragliere e combattè sul

Carso. Nel 1917, si distinse in combattimento nella battaglia della Bainsizza ed i superiori lo proposero subito per la medaglia d'argento al valor militare perché *"Durante tre giorni di violentissime azioni offensive, senza concedersi sosta alcuna, animato da elevatissimo senso del dovere, con superlativa audacia e sprezzo del pericolo avanzava primo fra tutti verso le munite difese nemiche, vi trascinava i pochi suoi uomini e debellava una dietro l'altra le mitragliatrici avversarie numerosissime e protette in caverne. Contribuiva così efficacemente alla conquista di ben difesa posizione nemica catturando numerosi prigionieri e bottino importante. Bellissima figura di eroismo e di audacia"*. Ma fu soltanto quando divenne Presidente che qualcuno si rese conto che la sua medaglia era rimasta insabbiata durante il ventennio fascista... Appena divenuto Presidente della Repubblica, si vide perciò recapitare una medaglia che non sapeva di dover ricevere, anche perchè Pertini aveva già una medaglia d'oro al valor militare ricevuta nel 1945 per la guerra successiva. Pertini rifiutò la medaglia d'argento in quanto poteva sembrare che gli fosse stata attribuita per piaggeria, poiché era Presidente della Repubblica in carica: la medaglia gli fu perciò consegnata subito dopo il termine del mandato nel suo ufficio di Senatore a vita dal Presidente del Senato Spadolini.

Pertini ebbe la sua decorazione dopo molti decenni; se fosse stato decorato a tempo debito, il regime fascista si sarebbe trovato in grave imbarazzo e dunque si era optato per l'insabbiamento. Ma anche quando i meriti vengono riconosciuti subito a volte provocano imbarazzo. E' il caso di Paolo Novarina, Conte di S.Sebastiano, ufficiale che comandava la testa dell'Assietta nel luglio 1747, nel corso della guerra di successione austriaca, quando il Piemonte, come al solito, era stato aggredito dalla Francia. Durante la battaglia si rese conto che la postazione occupata dai suoi reparti era la chiave di volta della battaglia e, contravvenendo agli ordini, rifiutò di abbandonarla, inviando in soccorso del suo comandante soltanto un reparto di soldati. Si deve a lui se i piemontesi sono oggi definiti "bogia nen", ovvero "non si muove", perché i piemontesi rifiutarono di abbandonare l'Assietta. La battaglia durò cinque ore. L'esercito francese si abbattè a ondate contro le poche centinaia di soldati austro-piemontesi che la difendevano: fu una carneficina, morirono anche dei generali e persino il comandante in capo Cavaliere di Belle Isle. Alla fine l'armata francese riportò 4984 caduti contro i 219 dell'armata austro-piemontese e dovette riparare oltre confine. Il Conte di San Sebastiano, Comandante dei granatieri del reggimento guardie, non ebbe però tutti gli onori che meritava: la madre era da tempo chiacchierata come l'amante di Vittorio Amedeo II. Carlo Emanuele III detestava sia il padre che la nuova compagna, anche perché si vociferava che il Novarina fosse figlio di Vittorio Amedeo. La sua premiazione creava dunque imbarazzo a corte. Le chiacchiere aumentarono quanto il sovrano piemontese, appena abdicato, sposò la madre del Novarina, cosa che gli creò più di un problema. Novarina non rischiò di essere processato per insubordinazione soltanto perché tutti in

Piemonte dicevano che la vittoria era merito suo. Fu trasferito ad Aosta, il più lontano possibile da Torino, ove concluse la sua carriera come Colonnello.

Non molto differente, la storia di Stilicone, il barbaro che amava Roma. Stilicone infatti era veramente un barbaro. Ma solo esteriormente: in realtà era più romano di un romano. Sedeva al Senato con la toga, comandava l'esercito, era il cognato di uno degli ultimi imperatori. Ricoprì la carica di Console e anche quella di Magister Militum, il capo dell'esercito. La tradizione gli impediva di divenire imperatore, dato che le sue origini non erano romane, ma a lui questa cosa non sbarrò la strada ed in effetti gestiva il potere con il preziosissimo aiuto della sua amatissima moglie, la quale gli parava la schiena dai nemici a corte. Stilicone aveva un grande prestigio nell'esercito ed un grande prestigio tra i barbari, che vedevano uno di loro al comando di Roma. L'invidiosissimo imperatore Onorio, per tutto ringraziamento per aver salvato l'impero più volte lo fece arrestare a Ravenna e giustiziare nel 408. Stilicone, per evitare la rovina dell'impero con una definitiva guerra civile, rifiutò l'aiuto delle truppe che intendevano liberarlo ed accettò il supplizio stoicamente, come un Senatore d'altri tempi. Roma perse così la penultima occasione di sopravvivere. La penultima, dato che l'ultima è stata Flavio Ezio.

Il generale Ezio è stato l'ultimo grande romano della storia. Curioso che i più nobili ed interessanti personaggi della Roma imperiale fossero simili nella nobiltà di comportamenti ai grandi personaggi della prima Roma repubblicana. Fu l'unico generale che riuscì a sconfiggere Attila mettendo insieme tutto ciò che restava dell'esercito di Roma, le sue migliori fanterie ed un'alleanza con i Visigoti ed una parte dei Franchi. Attila aveva avuto la prontezza di intrufolarsi nelle lotte dinastiche dei Franchi ed era intervenuto nel cuore dell'Europa. Ezio, uomo di grande intelligenza strategica, si trovò ai campi catalaunici al momento giusto per tendergli una trappola nella quale Attila non poteva non cadere. Le truppe di Attila attaccarono direttamente le fanterie romane, ben addestrate ma inferiori di numero che resistettero molte ore su una posizione elevata mentre le orde unne si infrangevano sulle loro organizzatissime truppe. Nel frattempo la fazione romana dei Franchi ebbe la meglio su quella di Attila e inoltre il re dei Visigoti Teodorico arrivò al gran galoppo travolgendo come un rullo compressore le truppe unne, stanche dopo una intera giornata passata a combattere. Alcuni storici dicono che non fu una vera vittoria, ma una sorta di pareggio. In realtà, recenti scavi confermano la versione tramandata da parte visigota, secondo la quale Attila si era già fatto erigere la pira funebre nel proprio campo utilizzando le selle dei cavalli dei caduti: doveva farsi uccidere per non cadere in mani nemiche. Durante uno scavo effettuato per dei lavori in una base militare francese, è venuto fuori all'improvviso il campo unno: c'era una pira funebre di selle. Attila riuscì a scappare perché Ezio valutò che la presenza del re nemico avrebbe tenuto a bada le altre tribù germaniche ed inoltre l'anziano Teodorico, il coraggioso re dei Visigoti, il suo migliore alleato, era caduto sul campo di battaglia ed i Visigoti erano tornati in

Spagna per eleggere il successore, ma
Attila non lo sapeva. Fu ancora
determinante nel salvataggio dell'impero in
altre occasioni. Per tutto ringraziamento,
l'imperatore romano Valentiniano III lo
assassinò a Ravenna nel 454, temendo che
la sua popolarità a corte e tra le truppe lo
facesse diventare imperatore... Ezio fu
vendicato da due delle sue guardie del
corpo l'anno successivo: i fedelissimi
Optila e Traustila "terminarono" l'incapace
ed infido Valentiniano III. L'impero gli
sopravvisse pochi anni. Per la cronaca: la
fazione dei Franchi favorita dai romani è
quella dei Merovingi, da cui verrà un
giorno re Clodoveo e che sarà
fondamentale nella storia dell'Europa.

Roma non fu conquistata dai barbari: si
suicidò per mano dei suoi stessi nobili. Il
"merito", non era di casa nei secoli
decadenti della Roma imperiale e tra tanti
sterili asteroidi, Ezio e Stilicone sono le
uniche due stelle della tarda Roma
imperiale a brillare di luce propria. Due
stelle giganti.

Un ben diverso imperatore, invece, generò
Don Giovanni d'Austria: Carlo V, l'uomo

sul cui impero non tramontava mai il sole. La sua storia ha dei punti di contatto con quella di re Artù. Don Giovanni d'Austria nacque da una relazione adulterina con una bellissima donna, ma ebbe il curioso destino di avere tre padri. Fu dato in adozione ad un violinista di corte senza figli e crebbe per volere del padre in un villaggio come un qualsiasi figlio di pescatori. Dopo la morte del padre adottivo, don Luis Quixada, l'unico amico del defunto imperatore e suo esecutore testamentario lo riportò a Madrid e lo allevò come se fosse il proprio figlio, visto che anche lui era senza eredi. Lo educò all'uso delle armi e della penna e gli diede un'ottima educazione. Alla morte del padre naturale, Carlo V, salì al trono Filippo II, e fu soltanto durante un incontro misterioso con il re Filippo II che Don Giovanni seppe di esserne il fratello. Don Giovanni combattè con abilità contro i moriscos ribelli (sobillati dai turchi) pur non approvando gli sbrigativi metodi dei suoi superiori per la repressione. Nonostante le sue origini ed il suo tutore non gli fu mai regalato nulla e dovette guadagnarsi i galloni sul campo. Era un uomo di grandi capacità sia militari che diplomatiche e fu determinante per la vittoria della flotta cristiana a Lepanto: aveva un grande prestigio personale e una fama di uomo giusto che ne faceva il comandante ideale di una armata multinazionale. Nessun altro avrebbe potuto guidare una spedizione così eterogenea e litigiosa che Don Giovanni. Le potentissime galeazze veneziane stracolme di cannoni (arma segreta dell'armata) sconfissero i turchi sul campo, togliendo loro per sempre il dominio del mare ed aprendo l'età della marineria moderna, ma fu soltanto grazie a Don Giovanni d'Austria se poterono farlo. Morì nelle fiandre nel 1578 per una misteriosa "febbre", probabilmente avvelenato, come ringraziamento per aver salvato l'Europa dai turchi. Qualcuno se ne era sbarazzato sbrigativamente. Alla faccia del riconoscere i meriti.

SPETTACOLO, SPORT E LETTERATURA

Quando Don Marcelino de Sautuola, cercando un cane da caccia, scoprì casualmente tra le sue terre le grotte di Altamira, le fece sbarrare per evitare infortuni alla gente di Santillana del Mar. Era il 1869. Ma nel 1878, visitando l'esposizione universale di Parigi, restò affascinato dai reperti preistorici esposti. Ebbe quindi il sospetto che nelle grotte di Altamira potessero esservi dei reperti simili a quelli visti, come punte di frecce o asce litiche. Vi entrò quindi in compagnia della figlioletta, prudentemente armato di una spada e di una torcia. Apparentemente non sembrava esservi nulla ma la figlioletta si infilò in uno stretto passaggio che era sfuggito al genitore e fu così che si scoprì uno dei più importanti siti di pitture rupestri del mondo. Don Marcelino ne diede subito notizia. Le grotte furono oggetto di intenso turismo e tra i personaggi che vi si recarono vi fu anche il re di Spagna. Il ritrovamento fu quindi presentato al congresso archeologico di Lisbona ma gli esperti di tutto il mondo si divisero ben presto tra coloro che non credevano al ritrovamento e coloro che lo ritenevano un'impostura. A Don Marcelino fu persino impedita la partecipazione al successivo congresso di Algeri. In particolare il più ostile fu il maggiore esperto del mondo, il professor Cartailhac. Ma il destino aveva in serbo per Cartailhac una beffa su misura: proprio lui ebbe la ventura di trovare una grotta simile a quelle di Altamira a Les Eyzier. Rendendosi conto di essersi comportato ingiustamente con Don Marcelino de Sautuola, si mise subito in viaggio per Santillana del Mar per porgergli le sue scuse al più presto. Arrivato al castello vi trovò la figlia, la quale potè soltanto mostrare ad un costernato Cartailhac la tomba di Don Marcelino, cui nessuno aveva voluto credere. De Sautuola fu riabilitato postumo. E' il primo di una lunga serie di riabilitazioni postume di cui parleremo in questo capitolo.

Sir Arthur Conan Doyle affermava spesso che il suo primo manoscritto delle avventure di Sherlock Holmes ritornava sempre indietro *"con la precisione di un piccione viaggiatore"*. Nessun editore voleva pubblicare una storia che parlava di delitti e di investigazione. In realtà, come si seppe poi, non lo leggevano neppure. Il merito, anche in letteratura, non sempre è riconosciuto in vita. Conan Doyle riuscì nell'impresa, Proust e Svevo no. Il grande Thomas Stearns Eliot, premio Nobel 1948, si vide rifiutato dall'editrice Lane il manoscritto che fu poi premiato, con il motivo *"non appartiene al genere che teniamo ad aggiungere al nostro catalogo"*: parbleu, che talent scout! Ciò, evidentemente, fu la ragione che spinse Eliot a scrivere "Tradition and the Individual Talent", un saggio sul merito…

Orwell subì una vera e propria persecuzione politica per "La fattoria ed altri animali", Joyce fu stroncato da Virginia Woolf, Samuel Beckett collezionò montagne di lettere di rifiuto prima di trovare un editore coraggioso. Boris Pasternak potè scrivere un unico romanzo, "Il dottor Zivago", ma non fu mai pubblicato in Unione Sovietica. Il manoscritto uscì di nascosto ed ebbe il premio Nobel, ma Pasternak non potè mai ritirarlo a causa dell'ostilità del regime comunista, il quale provvide a fargli sequestrare tutto ciò che possedeva. Per restare in Russia, dobbiamo citare anche Michail Afanas'evič Bulgakov, che fu un romanziere e giornalista decisamente nemico del regime. Scrisse molti romanzi, la maggior parte pubblicati postumi, ed uno dei suoi manoscritti è stato addirittura distrutto. Bulgakov si salvò dal gulag soltanto perché uno dei suoi lavori (la commedia "I giorni del Turbin", tratto dal romanzo "La guardia bianca") era misteriosamente la commedia preferita di Stalin, per cui nessuno osò mai toccarlo, al contrario di molti altri che furono eliminati brutalmente dal dittatore.

Marcel Proust, un giorno, mangiò una madleinette e gli esplose nella mente il ricordo della sua infanzia, delle sue zie, delle sue esperienze passate... Ne venne fuori "Alla ricerca del tempo perduto", la massima opera della letteratura francese moderna. Proust fu stroncato nientemeno che da Gide in un modo che non ammetteva repliche. Proust fece in proprio, ma gran parte della sua opera è uscita postuma.

Andò meglio a Moravia (il cui vero nome era Alberto Pincherle) con "Gli indifferenti" che, rifiutata dagli editori, stampata in proprio divenne un bestseller.

Non solo Gide e la Woolf commisero un errore. Anche Italo Calvino sbagliò definendo la scrittura di Anaïs Nin *"isterica, ignorante, snobista e uterina".* Può darsi che Calvino avesse ragione, ma forse fu proprio questo tipo di scrittura a decretarne il successo.

In casa Italia, capita che alcuni scrittori siano rifiutati e poi "sfondino" all'estero. Infatti i nomi sono poco noti al grande pubblico anche dopo aver avuto successo. Stiamo parlando di Stefano Bortolussi (romanzo rifiutato in Italia e diventato bestseller negli USA; stesso identico giudizio del lettore ma qui rifiutato e là accettato), di Andrea di Robilant ("Un amore veneziano", pubblicato in Italia soltanto dopo il successo negli USA), di Francesca Marciano ("Cielo scoperto", pubblicato in Inghilterra ed altri cinque Paesi come "Rules of the wild" prima di approdare in Italia), di Kuki Gallmann ("Sognavo l'Africa", pubblicato in Italia soltanto dopo che ne era stato tratto un film di Hugh Hudson, con Kim Basinger già bestseller in USA e Germania), di Riccardo Orizio ("Tribù bianche perdute", un reportage sui discendenti di ex colonizzatori), di Liaty Pisani (che pubblicò un giallo in Germania sul disastro di Ustica), ma anche del curioso caso di Giuseppe Ferrandino che pubblicò in Italia "Pericle il nero" per Adelphi dopo essere stato pubblicato negli USA, con l'aggravante di essersi pubblicato il libro in Italia con "Granata Press" sotto pseudonimo di "Nicola Calata" prima di essere rilevato negli USA: avanti e indietro prima di essere riconosciuto "meritevole" in casa propria…

Italo Svevo (che si chiamava in realtà Aron Hector Schmitz), oggi notissimo ed apprezzato scrittore, non riuscì a far pubblicare molte cose, nonostante fosse un noto autore teatrale e collaborasse con il quotidiano "Il piccolo". I romanzi "Una vita" e "Senilità" furono completamente ignorati dalla critica. Pubblicò "La coscienza di Zeno" nel 1923 ed anche questo fu un insuccesso. Tuttavia Joyce,

Prezzolini e soprattutto Montale, furono i primi ad accorgersi del suo valore. Solo nel 1926 iniziò a raccogliere i primi veri consensi: la rivista francese "Le navire d'argent" gli dedicò una monografia e nel 1928 Svevo tenne una conferenza a Parigi. Purtroppo il destino aveva deciso di beffarsi di lui nel momento in cui stava per arrivare il successo: Svevo muore in un incidente stradale nel 1928. Il vero successo arriverà postumo nel secondo dopoguerra.

Il commediografo Svevo rientra comunque nella non meritocrazia del mondo dello spettacolo, quante volte abbiamo assistito a spettacoli televisivi con persone non certo meritevoli di trovarsi in quel posto? Nello spettacolo il merito è più di casa a teatro, dove grandi attori che non trovano posto nel piccolo o nel grande schermo fanno i conti con il pubblico. Il cinema è stato sempre un piccolo ricettacolo di incapacità: a volte basta essere "belli" e "fotogenici" per avere una parte… Specialmente se si è stati "compiacenti" con l'impresario di turno. Il piccolo schermo, in questo, è il maestro peggiore: ragazzetti incapaci, donnine allegre, marpioni di ogni tipo ci vengono propinati quotidianamente e sovente imposti dal potere politico. Esisteva nel mondo dello spettacolo e dell'informazione, un "manuale Cencelli" su come spartirsi le seggiole dei Consigli di Amministrazione, le redazioni radio e TV e giornali. Per tacere delle raccomandazioni di ferro, antico vezzo nazionale. Quante attrici bellocce, quanti attorucoli carini ma assolutamente insipienti abbiamo visto in fiction di prima serata, tenendo gli attori bravi sullo sfondo o in parti minori? Qui è facile capire chi merita e chi no: quelli bravi, recitano bene, come se fossero veri; quelli non bravi recitano come se stessero leggendo una tiritera dal gobbo... A volte sono insipienti persino nella vita e parlano come recitano, ovvero in cantilena... Che tristezza. Terminata per sempre la sua funzione educativa, il piccolo schermo è diventato l'immondezzaio dello spettacolo. L'auditel è citato sempre come uno strumento "democratico". Può anche darsi, tuttavia l'auditel è una pirlocrazia che permette al più rozzo di dettare i gusti a tutti: in questo non c'è nulla di democratico e trasforma l'intera società in un paesello pieno di guardoni che si impippano dei tuoi affari in modo morboso ma se hai bisogno di una mano non te la danno. Persino i quiz, un tempo retaggio di personaggi straordinariamente competenti (ricordate i campioni de "Rischiatutto" o di "Lascia o raddoppia"?) sono oggi diventati il ricettacolo della fortuna sfacciata. Ecco il messaggio che ci dà oggi la TV: per farcela nella vita, per essere "qualcuno", non è necessario sapere qualcosa o saper fare qualcosa, è sufficiente apparire in TV e fare in modo che la gente si ricordi di te, non importa per quale ragione. Purtroppo, l'indice di gradimento è diventato il punto di forza dello spettacolo scadente e certi "trash" sono così apprezzati da imporre a tutto il piccolo schermo spettacoli a volte ignobili. In particolare, con l'invenzione dell'apparato "auditel", le TV mettono in cantiere soltanto cose che piacciono molto all'utente medio, ovvero ad una persona non molto sveglia e piuttosto volgare. E' così, è un dato di fatto. Un giorno, il noto Showman Giorgio Panariello fu informato che si trovava sulla copertina di un settimanale per la sua trasmissione "Torno sabato". Contento della cosa, andò in edicola e si trovò di fronte ad una foto di scena presa da uno sketch... Mentre osservava a tu per tu il "garrese" di una delle sue partner, titolo "La TV dei deficienti". In realtà, tutto si poteva dire di quella trasmissione tranne che fosse fatta da deficienti e per deficienti; a parte le scenette buffe, Panariello riusciva anche a toccare qualche tema "corposo". Il problema è che si dà troppo peso all'auditel. E l'auditel non è un buon metro di misura del merito. Infatti il 90% dei reality (apprezzabili soltanto per l'audience) si riduce a persone che si azzuffano, che si insultano e che si denudano in pubblico o che utilizzano ogni sorta di sistema per farsi notare, inclusi rutti, peti ed atti sessuali di ogni genere. In qualche reality si è arrivati alla morte in diretta o alla presa per i fondelli di persone handicappate (per fortuna non è il caso dell'Italia, almeno questa volta). Questa è la TV di oggi, inclusa la presentazione e lo sfruttamento di "casi umani" strappalacrime usati (proprio USATI, è il caso di dirlo) per fare audience, con la partecipazione di inutili tuttologi o tronisti insipienti, spesso semianalfabeti. Persino Gianni Morandi, la cui trasmissione arrancava a causa della concorrenza con un reality di questo tipo, per attirare l'attenzione sul problema si spogliò in diretta TV e restò in mutande il sabato sera su un canale RAI, spiegando che la qualità, se non supportata da gesti come quello, non è sufficiente a far sopravvivere un programma. Tornando a Panariello ed alla copertina insultante, questi parlò così dell'audience: *"E' come se io parlassi della mia fidanzata con un estraneo, e questi mi chiedesse 'Com'è?' e io gli rispondessi 'Mah, è carina e poi piace al 35% dei miei amici'"*… Comunque, anche nel restante 10% dei casi, ovvero in quei programmi in cui il merito del partecipante dovrebbe essere premiato (è il caso dei reality di competizione artistica) non è quasi mai il più bravo a vincere quanto il più bello, il più ruffiano o quello che riesce a porsi come "caso umano" davanti al telespettatore il quale, credendo di ripianare un torto, televota il piagnone o il bellone facendo così un torto vero a chi (più bravo) non vince… Il merito e la telegenia non sono in sintonia: il merito è poco telegenico. Una gara tra cantanti che non premia la voce migliore non è più una gara tra cantanti; il cantante esordiente non dovrebbe raccontare sé stesso, dovrebbe cantare e basta, così come il ballerino dovrebbe essere il più bravo ed invece se il più bravo è bruttino va a vincere il belloccio di turno… Vi è anche stata qualche "miss" eletta non per la bellezza (che pure c'era) ma per la provenienza geografica, dato che in certi periodi della storia d'Italia il campanilismo ha fatto da padrone; in qualche caso, la miss è stata annunciata giorni prima a causa del buonismo imperante. A volte invece si era già preparato il lancio della miss prima della sua elezione pilotando mediaticamente la votazione, un po' come avveniva nelle elezioni dell'antica Roma, quando le ultime centurie si conformavano al giudizio delle prime poiché erano quelle che contavano di più. Per fortuna vi sono ancora i programmi "di servizio", anche se sovente relegati negli angoli "oscuri" del palinsesto.

Cambiando argomento, ma sempre rimanendo in termine di spettacolo, c'è un ramo dove il merito dovrebbe sempre fare da padrone, dove chi è più bravo, meritevole, forte, abile, intelligente, dovrebbe ricevere merito e premio: lo sport. Come vedremo, anche qui non c'è un metro di misura sufficiente, non basta arrivare primo per avere il premio. Eh, si, perché a volte te lo tolgono, anche se te lo sei meritato. E' il caso di Dorando Pietri, maratoneta di Carpi, che vinse con un finale drammatico la maratona di Londra del 1908, cadendo e rialzandosi più volte. Credo che tutti abbiano negli occhi i fotogrammi del filmato, filmato che riprende anche un signore che lo aiuta a rialzarsi: è uno dei giudici di gara, si chiamava Arthur Conan Doyle. Anche se il creatore di Sherlock Holmes non l'avesse aiutato a rialzarsi, probabilmente Pietri sarebbe riuscito ad arrancare verso il traguardo, visto il distacco che lo separava dall'atleta statunitense John Hayes. Pietri tagliò il traguardo per primo, ma il ricorso della federazione americana lo fece squalificare. Tuttavia, l'indignata regina Alessandra insistette per premiarlo con una grossa coppa d'argento dorato, per sanare quello che per la corte inglese era un torto. Pietri non risulta nell'ordine d'arrivo, ma per tutti è lui il vero vincitore. Un indignatissimo Conan Doyle suggerì al quotidiano *Daily Mail* di conferire un premio in danaro a Pietri, sotto forma di sottoscrizione per permettergli l'apertura di una panetteria, una volta rientrato in Italia. La proposta ebbe successo e vennero raccolte trecento sterline. Lo stesso Doyle avviò la raccolta donando cinque sterline. Pietri fu così in qualche modo risarcito della cattiveria umana.

A Stoccolma, nel 1912, destino peggiore toccò all'americano Jim Thorpe, detto "il figlio del vento". Jacobus Franciscus Thorpe era in parte un nativo americano e crebbe come tale. Il nome indiano era Wa-Tho-Huk, ovvero "Sentiero Lucente", poiché al momento della nascita il sole aveva fatto capolino tra le nubi illuminando con una striscia di luce il sentiero che portava alla capanna. Thorpe ebbe varie vicissitudini ma si scoprì presto un notevole atleta. Sfidò al salto in alto gli studenti della scuola di Carlisle e li battè saltando 1,75, un vero record per l'epoca. Praticò con successo il football americano, il baseball, il lacrosse ed il ballo sportivo. In una partita di football americano (Thorpe giocava come running back) tra il Carlisle e l'Accademia Militare segnò un tuch-down da 92 yarde (annullato per un fallo di un compagno di squadra) ma nella partita di ritorno ne segnò uno da 97 yarde. In una partita vinta contro l'Harvard segnò tutti i 18 punti.

All'olimpiade di Stoccolma, Thorpe vinse l'oro nel pentathlon, arrivò quarto nel salto in alto, settimo nel salto in lungo, vinse l'oro nel decathlon con 700 punti sul secondo piazzandosi sempre nei primi quattro in tutte le gare, Gustavo V di Svezia gli disse "Signore, lei è il più grande atleta del mondo"; lui rispose con semplicità "Grazie, re". Tornato in patria, dovette fare i conti con il razzismo: i giornali americani se ne fregarono delle sue imprese e scovarono chissà come che nel 1909 aveva ricevuto un piccolo compenso in denaro per qualche partita di baseball e ne invocarono fortemente la squalifica. Thorpe si vide squalificato e dovette restituire le medaglie. Morì nel 1953 senza essere riuscito a farsi riabilitare. I premi furono restituiti ai discendenti soltanto nel 1983 durante una cerimonia ufficiale di riabilitazione della sua memoria. Ma gli atleti che si erano classificati al secondo posto avevano sempre dichiarato che la squalifica di Thorpe era una vergogna. Thorpe fu riabilitato postumo.

Ma a volte la riabilitazione non viene mai. E' il caso del ciclista Marco Pantani, uno dei più grandi "scalatori" di tutti i tempi. Dopo aver vinto quasi tutto il vincibile, alla tappa di Madonna di Campiglio (alla penultima tappa del giro d'Italia) gli esami ematici rilevarono un valore di ematocrito del 50%: il regolamento prevede in questi casi una sospensione automatica dall'attività di 15 giorni per precauzionali motivi di salute, in quanto il valore eccessivo di ematocrito presenta seri rischi. Tuttavia il modo in cui fu effettuato il prelievo, in un clima da "caccia alle streghe", e la furiosa gogna mediatica cui fu sottoposto l'atleta lasciano aperti molti seri interrogativi, poi rilanciati da alcune inchieste giornalistiche successive. Pantani fu presentato dai media italiani come un delinquente, e come se fosse tale fu portato via da Madonna di Campiglio tra due ali di agenti e pesantemente insultato da tutta la stampa sportiva. Le insinuazioni giornalistiche anti-Pantani portarono la magistratura ad aprire contro di lui ben sette procedimenti giudiziari, ma non tutti insieme: uno dietro l'altro; ogni volta che l'atleta veniva prosciolto da un processo se ne attivava un altro. Alla fine, Pantani crollò e cominciò a far uso di cocaina, cosa che ne distrusse definitivamente la carriera e la vita (la cocaina, oltre ad essere una sostanza proibita, distrugge il sistema cardiocircolatorio ed inoltre peggiora le prestazioni atletiche). Non vinse più. La sua vita si concluse drammaticamente in un residence di Rimini il 14 febbraio 2004, dove per ragioni misteriose era andato a nascondersi non si sa per sfuggire a chi o a che cosa e la sua morte, catalogata come "overdose di cocaina", è ancora piena di enigmi. Il medico legale che effettuò l'autopsia si portò persino a casa il cuore per evitare che qualcuno potesse trafugarlo, manometterlo o addirittura sostituirlo alterando così il referto autoptico. E' ancora misteriosa la ragione che ha spinto i media italiani a distruggere minuziosamente la vita di Pantani. Il giornalista francese Philippe Brunel scrisse un durissimo libro inchiesta *"Gli ultimi giorni di Marco Pantani"* (Rizzoli), e sollevò moltissime domande sulle lunghe ombre oscure che hanno avvolto sia la gogna mediatica che gli ultimi giorni dell'atleta. La memoria di Pantani non è mai stata riabilitata nonostante non vi siano mai state prove di utilizzo di doping. Molti atleti che hanno fatto uso documentato di sostanze dopanti sono stati ben presto riabilitati e ad alcuni non sono mai stati revocati i titoli vinti: Pantani, invece, fu condannato dai mass media al termine di un linciaggio mediatico davvero indegno di un Paese civile. Un atleta fragile e "sfortunato".

Di atleti sfortunati potremmo citarne a iosa. Ci limiteremo a qualche caso. Ad esempio Carlo Airoldi. Airoldi era un bravo maratoneta e tentò inutilmente di partecipare alle Olimpiadi di Atene del 1896. Il viaggio per Atene era al di fuori della sua portata: Airoldi era un operaio e di origine contadina, non poteva neppure permettersi il viaggio in treno. Era stato l'indiscusso vincitore dell'incredibile gara di marcia Milano Barcellona del 1895 (ben 1050 chilometri in dodici tappe, al decimo giorno di gara gli si gonfiarono i piedi); nonostante i piedi gonfi all'ultimo chilometro della tappa conclusiva superò il francese Ortègue ma giunto davanti al traguardo si voltò e vide che Ortègue, stremato era caduto in terra svenuto. Tornò indietro e se lo mise a spalle tagliando così il traguardo con il suo rivale: la vittoria gli fruttò duemila pesetas. Il mese dopo Airoldi aveva sfidato Buffalo Bill ad una gara di 500 chilometri, ma il mitico cowboy con il cavallo ed Airoldi a piedi: Buffalo Bill rifiutò perché voleva avere a disposizione due cavalli.

Nel 1896, per partecipare alla maratona della prima Olimpiade, Airoldi viaggiò a piedi da Milano ad Atene. Dopo infinite vicissitudini, stremato e ferito riuscì ad arrivare in tempo per la gara ma al momento dell'iscrizione venne fuori la notizia del premio in denaro della Milano-Barcellona e non fu ammesso ai giochi. Airoldi tentò comunque di correre la gara, anche se non iscritto, per dimostrare di essere davvero il più forte, ma fu arrestato subito prima dell'arrivo e trascorse una notte in cella come se fosse un delinquente comune: si trovava davanti al leggendario e gigantesco Spiridione Louis e questo era intollerabile per l'organizzazione. Airoldi volle provare a tutti di essere il più forte e sfidò Spiridione a corsa diretta, ma questi non accettò. Allora Airoldi fece da solo la corsa da Maratona ad Atene ed impiegò 2 ore e 44 minuti. Un atleta dalle imprese impossibili, di cui la storia si è completamente dimenticata e che non potè mai partecipare alle olimpiadi.

Invece è più malinconica la storia del dentista Pak Doo Ik e della nazionale di calcio della Corea del Nord, l'atleta che soltanto gli italiani ricordano perché aveva segnato la rete che eliminò la forte nazionale italiana del 1966 ai mondiali di Londra. I coreani sconfissero anche i fortissimi portoghesi e a questo punto, avendo passato il turno, festeggiarono in un pub. Ma il perfido dittatore Kim Il Sung, geloso della popolarità dei calciatori, definì la squadra *"borghese e rovinata dall'imperialismo"*. Al loro rientro in patria, gli atleti credevano di trovarsi davanti ad un festeggiamento di regime, ma l'unica cosa che trovarono nell'aeroporto deserto fu la polizia politica. Gli atleti furono spediti nei famigerati "Laogai", veri e propri campi di sterminio simili a quelli cinesi. Come racconta il libro dello storico francese Pierre Rigoulot, che riporta la testimonianza dell'ex internato Kang Chol Hwan, nel gulag di Yodok finì Park Seung Jin, uno degli attaccanti, soprannominato "Scarafaggio", perché per sopravvivere in quel lager maledetto arrivò a cibarsi di insetti ributtanti. Pak Doo Ik non fu coinvolto in una ritorsione così feroce soltanto perché la sera dei festeggiamenti era rimasto in albergo con la gastrite. Fu comunque punito e deportato al distretto di Daepyong, nello YangKang e per dieci anni fu costretto a fare il boscaiolo. Terminato il periodo di "autocritica e rieducazione" Pak

Doo Ik fu gradualmente riabilitato dal regime, prima come direttore del comitato atletico di Yangkang, quindi ai primi anni novanta fu autorizzato a tornare a PyongYang, come tecnico delle nazionali di calcio e della squadra Lee Myong Soccer Team. Infine divenne direttore dello Stadio I Maggio. A chi gli chiede di quel periodo, Pak Doo Ik dice: *"La sola verità è che segnai un grande gol"*.

Pak Doo Ik fu fortunato. Molti suoi compagni non sopravvissero al Laogai. Il ringraziamento per essere passati al secondo turno dei mondiali di calcio si era trasformato in risentimento per la troppa popolarità raggiunta.

Diverso il caso di Cassius Clay (poi Muhammad Alì, dopo la conversione all'islam). Partecipò alle Olimpiadi di Roma e vinse la medaglia d'oro nel pugilato. Tornato in Patria, si vide rifiutare di essere servito al bar "perché negro". Clay uscì ed andò a gettare nel Mississippi la medaglia che lo rendeva tanto orgoglioso. Passato al professionismo divenne campione del mondo ma essendosi rifiutato di combattere nella guerra del

Vietnam fu imprigionato e gli venne ritirata la licenza di pugile. La medaglia che aveva gettato a fiume gli fu poi nuovamente consegnata ad Atlanta nel 1996, quando era già malato di morbo di Parkinson. E' dopo tale data che il merito ha incominciato a essergli riconosciuto: nel 2005 il Presidente Bush gli consegnò la "Presidential Medal of Freedom" e gli fu attribuita la "Medaglia della Pace Otto Hahn"ed infine fu candidato al Premio Nobel per la Pace nel 2007. Ma perché si deve essere "riabilitati"? Cosa spinge gli uomini a perseguitare i propri simili soltanto perché hanno dei meriti? Non lo sapremo mai, l'invidia non è la spiegazione a tutto.

Nell'antica Grecia, culla dello sport, l'atleta che vinceva il premio olimpico era considerato una specie di semidio. Come ci racconta Erodoto, Milone di Crotone (pluricampione olimpico, ecc.), si trovò un giorno ad essere suocero del medico personale del faraone Amasi. L'uomo non voleva tornare in Egitto e gli chiese protezione. Il faraone mandò perciò una spedizione militare a riprendersi il medico. Il generale disse pressappoco così a Milone

"Il mio signore Amasi chiede che gli venga restituito il medico". La risposta di Milone fu *"Bene, allora digli che venga lui a prenderselo"*; Amasi non ne ebbe il coraggio, nemmeno lui poteva sfidare un semidio e il suo esercito ritornò in Egitto senza combattere. Ma anche in campo letterario, a volte, a qualcuno viene riconosciuto il merito: per restare nell'antica Grecia, Pindaro. Le sue poesie (spesso dedicate a campioni dei giochi sportivi) erano così belle e perfette che la sua casa divenne un monumento, una sorta di tempio della poesia e quando la sua città fu espugnata l'unica casa che restò in piedi intatta fu la sua e per secoli la "sedia di Pindaro" è stata meta di rispettoso turismo. Si deve a lui se gli sportivi dell'antichità furono in qualche modo mitizzati. Anche oggi, quando qualche componimento dimostra grande abilità e fantasia viene definito "volo pindarico". Mi piace citare questi aneddoti perché provano che a volte il merito viene riconosciuto sin da subito, senza necessità di riabilitazioni più o meno postume.

COME SI VALUTA IL MERITO?

Ecco il tasto dolente. Abbiamo visto come è sempre stato difficile trovare metodi per la valutazione del merito. Il "bel Paese" ha sempre avuto difficoltà in questo. Infatti il merito è sempre stato a capriccio di chi lo valuta. Si tende a valutare con più accondiscendenza un consanguineo, un amico, un compagno di partito o di loggia, un conterraneo, un partner sessuale e via dicendo. Così, ecco che qualcuno ha tuonato "Ci vuole meritocrazia!" e sono iniziati a fioccare i decreti, i codicilli e chi più ha fantasia parli per me.

C'è il famigerato decreto legislativo n.150, ovvero il famoso decreto "Brunetta", quello per la pubblica amministrazione. C'è una frase sibillina che recita testualmente: *"dall'applicazione delle disposizioni del presente Titolo non devono derivare nuovi o maggiori oneri per la finanza pubblica. Le amministrazioni interessate utilizzano a tale fine le risorse umane, finanziarie e strumentali disponibili a legislazione vigente"*, il merito venga valutato ma senza attribuire premi. Allora a che serve? A spendere soldi per il meccanismo di valutazione... Ci sarà il solito consulente? Per gli insegnanti, ad esempio, il decreto prevede che: *"I premi, a qualunque titolo, saranno assegnati ad una fascia di insegnanti che non potrà, comunque, superare il 75 per cento e al suo interno articolata secondo criteri meritocratici che saranno stabiliti dal sistema di misurazione e valutazione"*. Ma chi l'ha detto che il 75% degli insegnanti è meritevole di premio? Potrebbe essere il 15% come il 90%. Non è "merito", è statistica. Occorrono criteri? Peccato che non si sappia quali siano. Il decreto fissa la distribuzione del personale all'interno delle graduatorie, definita dal successivo articolo 19: il 25% deve essere collocato nella fascia di merito alta e sarà destinatario del 50% delle risorse disponibili; il 50% deve essere collocato nella fascia di merito intermedia e sarà destinatario del rimanente 50% di risorse. Il 25% del personale sarà escluso. Posso essere cattivo? Chi è amico del senatore del luogo sta nella fascia alta, chi è "no tav" starà nel 25%, gli altri nel mezzo, per contentino così stanno tranquilli.

Così è non soltanto per gli insegnanti, ma anche per tutta la pubblica amministrazione. A valutare il merito chi è? Il tuo capo. Così se gli hai smascherato una pastetta con la ditta compiacente, lui ti valuterà male e se invece gli reggi il gioco sei stato bravo e meritevole. Ma se a valutare il merito non è il tuo capo ma un fantomatico "comitato di esperti", questi non hanno la più pallida idea di che cosa hai prodotto e ti valutano sulla base di ciò che dice il tuo capo. Ovvero potrebbe andarti anche peggio, visto che il Ministro del lavoro ha il licenziamento facile. Non hai portato a buon fine ciò che ti hanno assegnato? Via! A casa! Così il raccomandato di ferro avrà il difficilissimo compito di intrattenere gli ospiti mentre il nemico giurato dovrà sbrigare almeno tremila pratiche al giorno pena il licenziamento. Si chiama "meritocrazia"? No, si chiama "meritoKrazia", con la cappa, è la base di un regime in cui non è necessaria la tessera di partito (come avveniva nel ventennio) perché è sufficiente che qualcuno garantisca per te e non resta traccia del delitto e se ti lamenti o ricorri ai tribunali la risposta è "Era un lavativo: noi premiamo il merito" e c'è sempre qualcuno pronto a sciorinare statistiche e dati. Un po' come le SS che in base alla loro crudeltà erano premiate o meno. Una delle cose più curiose è il metodo INVALSI, ovvero quei test svolti dagli studenti che decretano se il loro insegnante merita o no un premio. Bravi, bella pensata: così il premio si dà a casaccio.

Un metodo quasi sicuro per stabilire chi deve essere premiato si ha in certi settori dell'industria. Ad esempio, se con la tua macchina produci 300 componenti al giorno e il tuo collega con la stessa macchina ne produce 350 il premio lo prende lui, poiché ovviamente ha prodotto di più. C'è un solo piccolo neo: se produci di più alzi il ritmo di produzione facendo così in modo che da quel momento in poi tutti debbano produrre almeno 350 componenti al giorno ed il premio (dalla rilevazione successiva) andrà a chi riuscirà a produrre più di 350 componenti mentre chi non riuscirà più a reggere il ritmo di produzione andrà inesorabilmente verso il licenziamento. In ogni caso è un metodo di valutazione ineccepibile finchè non oltrepassa i limiti umani. Più difficile applicare la stessa regola negli ospedali in base al numero dei pazienti deceduti: si rischia di fare a gara tra medici nel far trasferire i pazienti più gravi nei reparti di altri colleghi. Non parliamo poi degli enti pubblici. Per alcuni anni si è utilizzato principalmente il metodo delle ore di lavoro di presenza. Peccato che le persone più presenti al lavoro siano generalmente le meno "protette" dai politici e quindi si finiva per dover premiare persone senza tessera di partito, cosa (siamo pur sempre in Italia) di difficile digestione per gli apparati di partito che vivono sul consenso di raccomandati e finti pensionati. Infatti si è provveduto sbrigativamente a cancellare la rilevazione dei "carichi di lavoro" in favore di una più discrezionale "valutazione del merito"; il risultato è che chi faceva poco (i raccomandati di ferro) continuano a far poco indisturbati mentre chi si sobbarca trenta ore di sportello a settimana o decine di incarichi diversi riceve sì un premio proporzionalmente maggiore, ma si rovina l'esistenza entrando in un meccanismo infernale che rischia di stritolarlo.

La maggior parte delle persone non sa a cosa corrisponda la "rilevazione" dei carichi di lavoro. Vediamo di spiegarlo. Poniamo il caso di un dipendente pubblico che lavora 36 ore a settimana. Se non fa un giorno di malattia, ricopre contemporaneamente tre incarichi e svolge 28 ore di sportello, ha un carico di lavoro superiore ad un dipendente che con 36 ore di lavoro sta in malattia 2 mesi l'anno, non fa sportello e si occupa soltanto di affiggere un bollettino su una bacheca due volte al giorno; questo ai politici non piace, dato che chi piace loro di più è solitamente il compagno di partito (che lo sa e lavora meno, dato che ha le spalle coperte). E dobbiamo qui precisare: in Italia lo sportello è quasi sempre considerato "punitivo", ovvero ci si mette qualcuno per fargli "mobbing", dato che lo stress dello sportello alla lunga può uccidere. Quanto alla "valutazione della produttività", essa viene valutata negli uffici pubblici (almeno fino al 2011 è stato così) in base ad un "progetto obiettivo", ovvero in base ad un parametro predeterminato. Un esempio? Svolgere un incarico supplementare al di fuori dell'orario di servizio; accade così che il numero delle ore di lavoro straordinario svolte sia superiore al beneficio economico ricevuto, ovvero se il dipendente non avesse svolto il progetto obiettivo ma avesse trascinato il lavoro di routine al di fuori dell'orario di servizio ci avrebbe guadagnato un bel gruzzolo: non è valutazione del merito, ma sfruttamento. Ma tra i "progetti obiettivo", al raccomandato potrebbe toccare "intrattenere gli ospiti", cosa decisamente meno gravosa che un turno supplementare di sportello ogni settimana. A ciò dobbiamo aggiungere che se un dipendente accetta di svolgere un servizio in più l'anno successivo per aver diritto a un premio dovrà sobbarcarsene un altro in più e l'anno successivo un altro ancora, con gravi riflessi sull'efficienza dell'ente che tuttavia può risparmiare un dipendente ogni tre ma a discapito del servizio. Ecco perché l'Italia va male: si premia sempre in maggiore misura chi meno lavora o chi più sbaglia. Anche per quel che riguarda la vigilanza, il sistema "a numero assoluto" è inaffidabile. Infatti se si valuta la produttività di un agente in base alle multe, si avranno tantissimi agenti che fanno le pulci agli automobilisti distratti ma poca attenzione a ladri e scippatori, e ciò non va bene. Il sistema del "carico di lavoro" era meno aleatorio ed infatti lo si è abolito in fretta e furia. E se in una banca la valutazione del merito va a chi ha "spacciato" il maggior numero di azioni o di buoni del tesoro ai clienti? Abbiamo illustri esempi nel caso "Parmalat" o dei "bond argentini", per non parlare d'altro… Non si può ridurre il ruolo di un dipendente a quello di spacciatore di titoli. Differente il ruolo del venditore d'auto, premiato a numero di veicoli venduti… E' forse l'unico caso di merito correttamente valutabile… Se non c'è la crisi del settore auto: in questo caso la mancata vendita è dovuta alla crisi di liquidità e non alla cattiva volontà del venditore.

Come si può facilmente arguire, il merito non si può premiare "a numero" sia esso assoluto o relativo. Aggravare lo stress delle persone significa, nel medio periodo, persone malate che il sistema sanitario nazionale dovrà curare, pensioni di invalidità da erogare (una persona stressata è più soggetta agli incidenti) e la spesa complessiva è nel medio e lungo termine, insopportabilmente alta. Come puoi mandare in pensione un camionista o un tranviere a 65 anni? Si ottengono mine vaganti: i riflessi a quell'età sono decisamente più lenti e lo stress si sopporta con difficoltà. E non c'è merito che tenga.

E' triste che quando si mettono sul seggiolone ministeriale dei professoroni si ottengano soltanto valutazioni numeriche. E poi, chi valuta le prestazioni di un Ministro? In teoria gli elettori, ma il sistema elettorale nostrano (dominato dal cosiddetto "porcellum") non permette all'elettore di "trombare" un ministro inefficace. Se si parla di un ministro "tecnico", poi, non c'è proprio diritto di replica. E allora, la *"meritocrazia"* diventa di nuovo *"meritoKrazia"*, con la cappa. Il cittadino, a questo punto, non è più "cittadino": è un suddito ed è soggetto ai capricci dell'élite che comanda, esattamente come nel romanzo di cui abbiamo parlato nel primo capitolo di questo modesto scritto: il libro "L'alba della meritocrazia", di Michael Young edito nel 1959, quel Paese ipotetico in cui "il meritevole", "l'intelligente" causano la nascita di una classe di "inferiori", servi senza speranza, quel Paese dove chi prende la laurea con un ritardo di uno o due anni sul previsto viene definito dal Ministro "uno sfigato", quel Paese dove il Ministro piange mentre toglie il pane di bocca a centinaia di famiglie ma non torna sui suoi passi, quel Paese in cui se non ti levi dai piedi dei genitori prima dei vent'anni vieni definito dal Ministro "un bamboccione", quel Paese in cui si regalano miliardi come noccioline ma soltanto a chi può dimostrare di averne già in abbondanza, quel Paese in cui un Ministro col posto fisso e ben pagato tuona in TV che "il posto fisso è noioso", quel Paese in cui si costruiscono infrastrutture enormi e senza costrutto soltanto per far girare i macchinari, quel Paese in cui si cacciano di casa ventimila persone perché il treno impieghi quindici

minuti di meno sulla stessa tratta, quel
Paese in cui i partiti politici anziché
occuparsi di politica sono proprietari di
banche, supermercati, compagnie di
assicurazione, quel Paese in cui il "Primo
Ministro" ha collaborato con l'agenzia di
rating che ha declassato il Paese nel
periodo precedente alla sua nomina, quel
Paese in cui il Ministro va in vacanza a
spese di un imprenditore, quel Paese in cui
l'onorevole ha il mutuo della casa pagato
da altri e se lo pizzicano dice *"Se trovo chi
mi ha pagato il mutuo lo denuncio!"*, quel
Paese in cui vi sono deputati che non sanno
chi ha scoperto l'America, quel Paese dove
il leader politico non ha perso le votazioni
ma le ha "non vinte", quel Paese in cui con
i rimborsi elettorali ci si comprano
diamanti, lingotti d'oro e lauree ai parenti.
E torniamo daccapo con il discorso. Quanto
alle infrastrutture, voglio soltanto citare un
famoso economista inglese, John Maynard
Keynes[1]: teorizzatore dell'intervento
pubblico per la piena occupazione. Secondo
Keynes è meno nocivo mettere centomila
persone a scavare un buco e poi farglielo
richiudere che costruire infrastrutture inutili

e in più il buco non lascia traccia permanente. Tutti ricevono lo stipendio, tutti lo spendono e permettono all'economia di riprendersi, dato che avranno necessità di un'auto, di un frigorifero, i loro figli andranno a scuola, andranno al cinema, ecc. Al contrario, fare un'opera pubblica da cinquanta miliardi di euro serve soltanto a rifornire di tangenti i partiti politici e ad ingrassare la malavita organizzata con gli appalti, ma dà poca occupazione sul territorio. Voi conoscete un Paese come quello che abbiamo descritto? Io non saprei... Ma come faccio a fidarmi del giudizio di qualcuno che si esprime come i personaggi che abbiamo appena citato? Chi di voi, amici lettori, vorrebbe avere il proprio merito valutato da persone come quelle che abbiamo citato? Da quello che ti dice "bamboccione", da quello che ti dice "sfigato", da quello che lavorava per chi ha declassato il suo Paese, da quello che ti dice che il posto fisso "è noioso" (ma lui ce l'ha), da quello che se pesca chi gli ha pagato il mutuo lo denuncia, da quello che gli hanno pagato la vacanza a sua insaputa, da quello che ha "non vinto" le elezioni, da quello che piange le lacrime di coccodrillo, da quello che se la prende con i disonesti e poi con i rimborsi elettorali ci compra lauree finte e diamanti? Chi vuole essere giudicato da persone così faccia pure, ma parli solo per sé stesso. Si dice "mal comune, mezzo gaudio", se Sparta piange, Atene non ride. Ma qui non è più una questione di merito: non c'è più una persona che abbia la statura morale per dirci che cosa siamo tenuti a fare.

I francesi, almeno, hanno avuto il generale De Gaulle, l'uomo che guidò i francesi dopo l'armistizio di Vichy rifiutando la resa nel 1940. Entrò a Parigi con i liberatori e partecipò a ricostruire il suo Paese. Presiedette il governo provvisorio francese sino al 1946. Il partito che fondò vinse le votazioni ma siccome De Gaulle era contrario alla nuova costituzione della quarta repubblica perché sapeva che con quelle regole il parlamento avrebbe tenuto in ostaggio il Paese, fu messo subito da parte. Il generale si ritirò quindi dalla politica sapendo che il tempo avrebbe lavorato per lui. Infatti fu richiamato più avanti: come De Gaulle aveva previsto, la quarta repubblica non era in grado di far fronte ai problemi. Una Francia sull'orlo della guerra civile, alle prese con guerre coloniali e con tensioni sociali gravissime si mise quindi nelle mani di Charles De Gaulle e gli diede pieni poteri per evitare una guerra civile. Come i dittatori dell'antica Roma. De Gaulle riscrisse la costituzione da cui nacque la quinta repubblica e nonostante le tensioni sociali non vi furono guerre civili. Governò a lungo il suo Paese ma riuscì anche a trovare il momento giusto per ritirarsi a vita privata. Uno di quegli uomini di cui si è perduto lo stampo.

Intanto il Parlamento nostrano è frequentato da persone che ci sono state tutta la vita, che votano come gli dice il capo, che non sanno chi ha scoperto l'America. Che bello essere giudicati da persone così... Ma no, abbiamo scherzato, da noi queste cose non succedono: noi siamo una "meritoKrazia"...

NOTE

(1) Keynes non era un dio: al contrario di Einstein, sia Keynes che Tesla erano propugnatori dell'eugenetica, l'esatto contrario del merito. L'eugenetica è il miglioramento forzato di una specie mediante selezione. Sappiamo bene dove porti l'eugenetica e tutti sappiamo che è una cosa sbagliata. Chi si ricorda di Einstein? Il suo professore di matematica lo chiamava "Signor Stupidone". Alla faccia dello stupidone.

ISBN   978-1477616925